10 VERITES QUE J'AURAIS VOULU SAVOIR AVANT LA VINGTAINE

Sarah Bopima

10 VERITES QUE J'AURAIS VOULU SAVOIR AVANT LA VINGTAINE

KINGDOM EDITIONS

KINGDOM EDITIONS
www.kingdom-dna.com

TABLE DES MATIERES

A mon Sauveur et Seigneur JESUS CHRIST ;

A tous ceux qui ont impacté ma vie : Bénédicte MUNDELE, Katia ADILI, Merveille DIDIWA , Inès LABY, Patience IBARA et Déo LUSILABO ;

A ma grande famille : Vieux TAI, Tantine Mamy, Grand-mère Matilde , Epiphanie, Fendji, Rosaire, Emmanuel et Sylvie LONGELO ainsi que Maman Jackie UMBA ;

A mes frères : Ronald, César, Sinclair, Isaac, Noëlla et Mickelange BOPIMA. ;

A Maman Clarisse MASSANGA, merci d'être un modèle et une source de motivation ;

Et aux amours de ma vie : mes parents et mon futur époux !

INTRODUCTION

La vingtaine restera à tout jamais cette période où les grandes décisions de notre destin éclosent, celle où beaucoup d'humains se perdent, certains se retrouvent et d'autres font le choix de vivre simplement leurs vies sans se soucier du futur. Les histoires de nombreux grands hommes qu'a connus l'humanité, si pas leurs histoires à tous, nous enseignent que la plupart de grandes décisions de la vie se prennent durant la vingtaine et que par conséquent il est important de vivre cette saison de manière à en tirer pleinement profit et surtout ne pas perdre du temps.

Ma vingtaine à moi a été juste… *ma* vingtaine (rire) ; faite de mon histoire, de mes larmes autant que de mes joies, de mes réussites et de mes échecs, de mes incertitudes et de mes décisions. Mais j'ai réalisé plus tard des nombreuses leçons de vie que j'aurais voulu apprendre et comprendre en cette période-là de mon parcours. Aujourd'hui, je suis consciente que si je les avais assimilées plus tôt, j'aurais été plus lucide et plus attentive, j'aurais peut-être donné leur chance à certaines personnes et pas à d'autres. J'aurais fait un tas de choses durant ma vingtaine, si j'avais su les choses qui suivent.

Je sais qu'il est quelques fois difficile de se rattraper ou peut-être même impossible lorsque certaines choses n'ont pas été faites en leur temps. La vingtaine est propre à se construire, se découvrir, et à travailler sur sa vision. C'est souvent le moment propice où l'homme cherche à savoir qui il est, pourquoi il existe et quelle est sa vraie mission sur terre. D'où, je vous estime chanceux de lire ce livre. Si vous ne l'avez pas encore traversée complètement, tout est encore possible pour vous. Si vous avez plus de trente ans et que vous le lisez quand même, ne vous dites pas moins chanceux toutefois, car il est des tirs qu'on peut toujours rectifier. Plusieurs se sont perdus durant leur vingtaine et n'ont jamais pu se rattraper, mais il y en a qui ont bien rattrapé le coup parce qu'ils ont été éveillés assez tôt.

Je sais aussi que certains ont eu la grâce de découvrir ces vérités durant leur adolescence, ou à l'entrée de leur vingtaine, mais pour ma part, ma crise d'identité à moi je l'ai eue de pleins pieds dans la vingtaine. Et Gloire à Dieu que cette crise m'ait conduite à ces sagesses que je vais partager avec vous.

Dans ce livre, je veux partager avec vous mes expériences, mais aussi celles des autres. Car, j'ai trouvé bon d'aller aussi vers les ainés pour connaître ce qu'ils auraient voulu eux aussi savoir avant leurs vingtaines et qui aurait pu avoir un impact positif sur leurs vies actuelles.

LE VOYAGE LE PLUS IMPORTANT DE VOTRE VIE EST CELUI VERS VOTRE ETRE INTERIEUR

«Qui suis-je dans le monde ? Ah, c'est le grand casse–tête.»
Lewis CARROL

Quand je grandissais, j'entendais les adultes dire qu'il est important de connaître ses points forts et ses point faibles, qu'aller à la rencontre de soi est très souvent un exercice assez difficile. Du reste, ce n'est qu'une infime partie de la connaissance de soi ; et c'est bien vrai !

Avant que vous ne fassiez un quelconque voyage, il faut que vous fassiez d'abord celui vers votre être intérieur, celui de votre rencontre et de votre découverte. Vous ne pourrez jamais rien trouver aussi longtemps que vous ne vous êtes pas trouvé vous-même.

Rembobinons le fil de l'évolution de tout humain pour mieux comprendre. A la naissance, quand il est encore nourrisson, l'homme apprend d'abord à écouter des sons, des bruits divers, puis à explorer avec les yeux, bientôt il usera de ses mains, de ses dents et enfin de ses jambes. Mais tout ça n'est encore que la découverte de son existence physique. A ce stade, l'homme est encore primaire et se borne aux besoins les plus fondamentaux qui existent : respiration, nourriture, eau, sommeil, excrétion, mouvement, etc. La naissance a constitué pour lui la première entrée dans la vie, mais il reste encore la seconde.

Souvent la seconde arrive quand l'homme a traversé et affronté les incertitudes que soulève l'adolescence. Entre 12, 13 ans et 20, 21 ou 22 ans, celui qui ne se contentait que de se lever et se coucher soupçonne dorénavant d'autres buts à la vie, il se pose des questions qu'il ressasse sans même savoir à qui les poser, tellement il doute de tout et de tous. C'est l'âge où de nombreuses personnes perdent leurs repères, et même se perdent.

A la vingtaine, l'homme qui est au terme de l'adolescence en ressort probablement avec des réponses qu'il croit fondées, des assurances certaines et des croyances faites. C'est souvent à la vingtaine que l'homme a fini de se découvrir et fait sa seconde entrée dans la vie : l'université, les relations amoureuses, la recherche d'emploi, sa mission sur terre, l'exercice de ses talents, de ses passions, ses rapports avec Dieu. C'est la découverte de son existence spirituelle, ou métaphysique.

Et c'est parce que le spirituel engendre le matériel, notre intérieur fait notre personne mieux que notre corps, que la découverte de notre essence spirituelle est la rencontre avec notre personne même.

Je connus deux moments dans ma vie qui me firent me remettre en question, moi et ma vision des choses.

Lorsque j'étais plus jeune, j'aimais le droit, et je l'aimais encore plus parce que je rêvais de travailler dans une organisation internationale. C'était la raison principale qui me poussa à étudier le droit public international, quoique mon père voulait que je fasse plutôt l'économie. Moi, sachant que les maths n'étaient pas mon dada, je lui fis comprendre que je ne pourrais pas opter pour cette filière.

Après mes études, je vis mon rêve s'éteindre petit à petit, parce que je n'avais pas eu ce que j'avais toujours voulu : travailler dans une organisation internationale. Et je traversai alors un moment de déprime qui me poussa à me remettre en question et à m'interroger.

L'autre période difficile fut en 2010, lorsque j'affrontai la dure épreuve de la mort d'une tante que j'aimais beaucoup. Je ne m'attendais pas à ce qu'elle nous quitte si tôt parce que j'avais foi qu'elle finirait par s'en sortir. Malgré nos nombreuses prières et tous les soins qui lui ont été prodigués à l'étranger, son cancer finit par avoir raison d'elle. La mort de ma tante fut alors l'une des choses qui déclencha le questionnement sur ma personne. Je commençai à comprendre que la vie avait une fin et que je n'étais pas sur terre par hasard…J'avais une mission à accomplir.

‹‹

La mort de ma tante fut alors l'une des choses qui déclencha le questionnement sur ma personne. Je commençai à comprendre que la vie avait une fin et que je n'étais pas sur terre par hasard…J'avais une mission à accomplir. »

C'est que chaque décès dans votre entourage vous pousse à réfléchir à propos de vous. J'avais 19 ans à l'époque et c'était dur mais ça me permit de changer ma perception de la vie et de me connaitre mieux.

Au début de mes vingt ans, je me découvris un intérêt particulier pour toutes les questions liées aux droits de la femme et à son épanouissement. Aujourd'hui, j'ai mis en place un média digital féminin qui s'appelle **GO LADIES Magazine**. Son but est simple : aider les femmes à reprendre confiance en elles, à croire en elles et surtout à réaliser leurs rêves. C'est depuis 2016, deux ans donc après la fin de mes études, que ce média a vu le jour. Il est parti d'un simple blog sur *WordPress* lorsque je venais de suivre une formation axée sur les femmes et WordPress, organisée par *Girls In tech*. Je serai toute ma vie reconnaissante à l'égard de Monsieur Mike ILUNGA ainsi que de son collaborateur pour avoir organisé cette formation. Elle fut un réel boost pour la création de **GO LADIES MAGAZINE**. Et je pense que tant que je serai en vie, je continuerai chaque jour de découvrir plusieurs fois qui je suis afin de déployer pleinement mon potentiel sur la terre et mourir vide de tout ce dont j'ai été dotée à ma naissance. Parce que je crois que chaque jour est une opportunité pour découvrir qui l'on est.

La découverte de soi passe avant tout, et pour cela n'hésitez pas de recourir à DIEU, pour vous révéler à vous - même, car il est la personne la mieux placée pour vous aider à savoir qui vous êtes réellement.

Dans la Bible, nous tenons de nombreux exemples de personnages à qui Dieu a révélé leurs vraies personnalités en même temps que leurs destins lorsqu'ils se sont laissés conduire par lui. Notre réel destin est celui que Dieu veut pour nous. Aussi, il est important de le questionner sur notre marche, de recevoir des révélations et des directives divines pour notre destinée.

Jeune, vous devriez prendre le temps d'interroger Dieu pour vous guider et vous trouver, sinon toute votre vie sera dirigée par la chance, le sort, le hasard. Dag HEWARD MILLS enseigne dans un de ses livres qu'il y a une différence entre la connaissance par la tête et la connaissance par révélation. Il dit : « Vous savez peut-être quelque chose, mais jusqu'à ce que cela vous soit révélé dans un sens plus profond, vous ne le savez pas vraiment ! »

La découverte de soi passe également par l'écoute de vos proches. Vos proches sont pour vous des bien meilleurs miroirs que les glaces dans lesquelles vous vous mirez habituellement. Ils savent vous observer et détecter des choses que vous ne savez pas voir par vous-même, et que votre glace ne vous révèlera jamais.

Je vous souhaite vivement de faire l'une des plus belles rencontres, celle avec ***vous-même.***

COMPTER SUR LE HASARD DONNE MOINS DE BONS RÉSULTATS QUE D'AVOIR UNE VISION CLAIRE ET PRÉCISE

Avoir une vision de vie se résume au fait de savoir ce que vous voulez pour votre vie et comment vous allez faire pour y parvenir.

Vous devez comprendre, en tant qu'humain et jeune, que rien n'arrive par hasard et que votre vie se construit progressivement. Si vous voulez que votre vie soit semblable à un gratte-ciel, alors il faudra que la fondation soit profonde, solide et *prenne du temps*.

Il est important que vous sachiez qui vous désirez être dans la vie. Et quant à rêver d'être quelque chose, ne faites pas dans la demi-mesure, rêvez grand, peu importe votre âge, peu importe le milieu dans lequel vous vivez et peu importe ce que les gens autour de vous peuvent penser. Pensez grand, aussi grand que vous le pouvez et si vous n'avez pas assez de force pour croire en vos propres rêves, j'aimerais me joindre à vous à travers ces écrits, pour qu'ensemble nous croyions qu'il vous est possible de devenir la personne que vous souhaitez devenir.

Je porte en moi des rêves avec lesquels j'ai fait un parcours. Avant que je ne désire être une diplomate dans une organisation internationale, je pensais à devenir docteur, car j'aimais beaucoup prendre soin des gens. Mais une fois au secondaire, j'avais des lacunes en physique, en chimie et en maths. S'il fallait réussir à ces cours, je devais me donner à 200 pourcents. Je m'étais examinée et j'avais donc décidé de changer de rêve. C'est ainsi que le rêve de devenir diplomate et de travailler dans une organisation internationale est née. Pour y parvenir, j'ai fait des études de droit public international. Actuellement, je poursuis ce rêve en même temps que je me focalise sur les questions liées à l'épanouissement de la femme. Plus tard, je voudrais étendre ma vision dans l'éducation de la jeune fille et pourquoi pas devenir Ministre du Genre un de ces quatre…Oui, je sais, je sais que c'est trop ambitieux mais, vous voyez, moi je rêve grand !

Votre vison de vie, vous devez la créer et travailler pour la voir se réaliser. Et attendez-vous à ce que quelques fois elle vous exige d'abandonner certaines choses susceptibles d'être un frein pour sa réalisation.

De nombreux jeunes de nos jours vivent sans aucune vision, ou sans aucune autre vision que l'argent. Si bien qu'ils courent à gauche et à droite à la recherche de n'importe quelle opportunité qui leur apporterait l'argent, pour s'en contenter. Rares sont ceux qui ont une passion qu'ils développent, une ambition réelle à laquelle ils tiennent, ou une carrière fixe qu'ils suivent. L'argent n'est pas une vision de vie ; c'est créer de la valeur pour les autres ou pour soi qui sont de vraies visions dans la vie. Alors, si jusqu'à présent vous avez toujours été partisan du *cherchons l'argent,* maintenant vous savez que ce n'est pas un objectif de vie, cela. Cet objectif vous limitera, et vous ne vous réaliserez jamais pleinement.

Que des jeunes perdus dans la recherche de l'argent et qui ignorent ce que peut être le développement de ses compétences, par exemple.

L'argent n'est pas une vision de vie ; c'est créer de la valeur pour les autres ou pour soi qui sont de vraies visions dans la vie. »

En grandissant, j'étais une jeune femme très renfermée et timide. Le genre de jeune qui serait incapable de réaliser le moindre petit projet, tellement je tenais à rester dans mon monde. Ma tante fut l'une des personnes à remarquer cette attitude et pour m'aider à m'en sortir, elle m'envoyait de petits trucs pour femmes afin de les revendre ; c'était son remède à elle pour aider sa nièce chérie à sortir de sa timidité maladive. Le but était de me pousser à aller vers les gens, parce que je devais vendre. Et ce stratagème a très bien marché !

Cette expérience, combinée à mon parcours de juriste, ensuite de présentatrice télé, de conférencière et d'éditrice de magazine m'a permis de porter ces différentes casquettes que je porte aujourd'hui. La femme que je suis en train de devenir est le fruit d'un travail de longue haleine fait par plusieurs personnes : les membres de ma famille, les amis, Jésus et moi-même. Je leur serai reconnaissante toute ma vie.

Je vous prie d'apprendre à travailler sur vous pour un rêve que vous portez, à vous dépasser pour un objectif de vie que vous vous êtes fixé.

Toutefois, envisagez de poursuivre des objectifs qui en valent la peine, car contrairement vous n'arrêterez pas de brasser de l'air. C'est ce que fait aussi une grande partie de jeunes actuellement. Ils se fixent certes des objectifs, mais des objectifs qui leur bouffent inutilement leur temps et leurs énergies. Votre vingtaine est précieuse, occupez-la avec un rêve qui se résume en une phrase et des objectifs SMART.

Votre objectif est SMART lorsqu'il est *spécifique, mesurable, atteignable, réaliste,* et défini dans le *temps.*

«

Votre vingtaine est précieuse, occupez-la avec un rêve qui se résume en une phrase et des objectifs SMART. »

Il est spécifique lorsqu'il est simple, précis et clair. *Traiter des affaires juridiques au sein d'une organisation internationale,* par exemple, *Soigner les enfants souffrant de malnutrition,* ... Il est mesurable lorsque vous êtes en mesure de vous fixer des chiffres à atteindre. Il est atteignable et réaliste quand vous vous fixez des objectifs ni trop faciles ni trop durs pour vous. Il faut que vous vous sachiez capable de le faire. Il doit enfin être temporel, c'est-à-dire qu'il vous faut vous fixer des horizons, vous projeter dans le temps.

Imaginez un instant que vous venez de prendre un ascenseur pour vous rendre au troisième étage d'un immeuble. Juste au moment où les portes de l'appareil se referment, quelqu'un se présente pour entrer. Qui est là ? Barack OBAMA, en chair et en os. Vous savez que cet homme a le pouvoir de vous booster pour la réalisation de votre objectif de vie, votre rêve. Vous êtes seuls, il ne vous suffit que d'ouvrir la bouche et parler. Mais Barack OBAMA presse le bouton du premier étage. Vous avez donc peu de temps. Que lui diriez-vous dans ce bref laps de temps que dure la montée d'un ascenseur d'un niveau à un autre ? C'est de ça dont il s'agit !

VERITE #3

Vous êtes responsable de votre vie et de vos finances, pensez-y souvent

Je me rappelle une vielle habitude que j'avais en mon enfance : ma mère m'avait acheté une petite boite en bois où je mettais de l'argent que je sortais plus tard. Avec le temps, c'était une habitude que j'avais intériorisée mais que je perdis pendant ma vingtaine. J'avais un compte bancaire que je dévalisai pour payer des banalités, et je ne l'avais plus jamais approvisionné.

Dans notre système éducatif, où on nous forme pour être des employés, on ne nous apprend guère les bases d'une bonne gestion de ses finances. Je déplore qu'à l'université on ne nous enseigne pas les bases de l'investissement, et de l'épargne. Si vous parcourez les rues de Kinshasa par exemple, et que vous tendez le micro aux jeunes étudiants ou diplômés, seule une infime partie saura vous dire avec exactitude ce qu'est la bourse ou encore le crédit bancaire, et combien ils ont en banque. Même moi à l'époque, je n'avais pas de compte bancaire, ni un quelconque projet.

Pourtant, j'ai expérimenté qu'économiser est crucial. Economiser en vue des imprévus, comme économiser en vue d'un projet. Si vous le pouvez, ayez deux comptes d'épargne, l'un pour couvrir les imprévus, et l'autre pour financer un projet que vous envisagez. Parce que je pense qu'il faut que vous ayez toujours un projet sous la main. J'ai lu un jour qu'il est préférable que l'argent vous trouve avec un projet en attente, plutôt qu'il vous trouve sans. Dans cette dernière hypothèse, votre argent a plus de chance de vous servir à d'inutiles fins qu'autrement.

Qu'est-ce qui constitue pour vous des obstacles à l'épargne ? Parlons-en ! Parce que s'il y a des jeunes qui n'y songent pas du tout, il en est comme moi à l'époque qui savent bien que c'est une bonne idée, mais ne le font tout de même pas pour diverses raisons ou qui estiment simplement ne pas gagner assez pour en plus mettre quelque chose de côté. La réalité est que même lorsque nous imaginons que nous avons peu d'argent, nous en avons bien plus que nous le pensons, a remarqué Randy ALCORN. La plupart du temps, nous dépensons juste nos revenus pour acheter des vêtements, des téléphones, des divertissements divers, et nous sommes surpris de ne plus en avoir pour faire face aux besoins de l'épargne.

Il ne faut pas attendre d'avoir 500 $, 1000 $, ou de finir ses études pour épargner. Le Seigneur Jésus nous enseigne dans Luc 16 : 10 que ce que nous faisons du peu que nous avons actuellement déterminera ce que nous ferons de bien plus.

Le Seigneur Jésus nous enseigne dans Luc 16 : 10 que ce que nous faisons du peu que nous avons actuellement déterminera ce que nous ferons de bien plus. »

Pour ceux qui pensent avoir beaucoup trop de besoins pour songer à épargner, j'ai réalisé que tout n'est qu'une question d'organisation. Vous avez probablement quelques habitudes que vous devez délaisser et d'autres que vous devez adopter. J'ai remarqué cette habitude chez les jeunes femmes par exemple, d'acheter des vêtements et des produits de beauté plus que nous n'en avons réellement besoin. Je ne vous demande pas de vous priver de vos envies, non, vous pourrez facilement épargner de l'argent sans vous priver complètement. Vous ne devriez simplement pas payer tout ce qui vous passe par la tête. La vingtaine est le moment propice pour apprendre l'équilibre dans ses dépenses et la discipline financière

Puis, il y a ceux qui vivent au jour le jour, *au taux du jour,* c'est-à-dire ceux qui ne savent jamais en avance combien ils gagneront un jour et qui dépensent aussi vite qu'ils ont gagné quelques sous. J'ai même entendu quelqu'un dire un jour : l'argent est tel les cheveux, on a beau les couper, ils finissent par pousser, comme pour justifier les dépenses folles qu'il était sur le point de faire. Mais il existe des chauves, n'est-pas

? Des gens qui ont perdu leurs cheveux à tout jamais. Et comme il est arrivé à ces chauves, il peut vous arriver que toutes vos sources de revenus tarissent l'une après l'autre un de ces quatre. Tout peut arriver aux parents par exemple, qui constituent la première source des revenus de la majorité des jeunes ; dites-vous bien que nombreux ont perdu leurs parents pendant leurs études. Je ne souhaite pas que cette infortune vous arrive, alors saisissez cette occasion et commencez aujourd'hui. Ne dites pas que vous ne devez pas vous en inquiéter maintenant, ne remettez pas à plus tard. Si vous commenciez maintenant, à compte goute, vous serez surpris des résultats que vous pourrez avoir dans 1 an, 3 ans ou 5 ans. Alors n'attendez pas de terminer vos études pour vous mettre à économiser. C'est une des pires erreurs à commettre pendant la vingtaine. C'est une des erreurs que j'ai commises et que j'ai pendant longtemps regrettée.

Trouvez une banque avec la meilleure offre d'intérêt sur épargne possible, renseignez-vous sur les conditions d'ouverture de compte d'épargne et faites-y un premier dépôt. L'idéal serait que votre épargne ne soit pas facilement à votre portée, c'est pourquoi je vous déconseille les mobiles money, par peur que vous ne soyez tenté de les retirer tout le temps. Par la suite, songez à y déposer régulièrement une portion de chaque revenu que vous gagnez. Déterminez une portion en avance. Pourquoi n'appliqueriez-vous pas par exemple la loi du 80/20 et mettre de côté 20 % de chaque revenu gagné ? Une théorie dit que 20% de revenu gagné mis de côté est susceptible de bâtir 80 % de votre patrimoine à long terme. Malin, hein ?

Cependant, sur le chemin vers votre indépendance financière, il n'y a pas que l'épargne qui vous amènera à destination. A quoi vous servirait-il d'amasser de l'argent sans qu'il ne vous crée de la valeur, sinon à ressembler à Harpagon de Molière ?

Investissez en quelque chose qui vous assure des compléments de revenu. Ça ne vous fera que du bien. Vous pourrez et vous devez arriver à vous passer de vos parents. Que ce soit un produit ou un service, vendez quelque chose, faites louer quelque chose.

Des idées courent les rues ; si j'en crois THEOPHILE ELIET, vous avez à votre portée exactement 101 idées de business possibles dans lesquelles vous pourrez vous lancer avec un petit budget. D'autres auteurs élargissent encore plus cette estimation.

Et donc, décidez simplement de cueillir une de ces idées, d'y imprimer votre touche et de vous y accrocher.

La rigueur doit être à la gestion financière ce qu'est la discipline à l'armée. »

Enfin, par-dessus tout, développez l'habitude de vous établir un budget, plutôt que de dépenser votre argent à l'aveuglette, et soyez rigoureux avec vos propres prévisions. Le grand homme politique congolais Léon KENGO WA DONDO a écrit dans ses mémoires une phrase qui a beaucoup retenti en moi et que je m'en vais paraphraser : *La rigueur doit être à la gestion financière ce qu'est la discipline à l'armée.*

Si vous avez de la peine à vous dresser un budget formel, et à le respecter scrupuleusement, l'une des méthodes qui a fait ses preuves est la méthode des enveloppes. Il s'agit de prévoir une enveloppe pour rubrique de dépense que vous comptez faire, d'y écrire le titre de la dépense et le montant alloué, puis y glisser la somme. Vous ne devez alors dépenser que le montant qui se trouve dans l'enveloppe, ni plus ni moins.

Je vous souhaite de pratiquer ces conseils et ainsi d'atteindre l'indépendance et la stabilité financière.

VERITE #4

LES APPARENCES SONT *VRAIMENT* TROMPEUSES

Au début, on pense que ce n'est qu'une citation comme les autres, mais après on se rend compte de combien c'est déterminant. Ce ne sont pas que des mots, ce qui importe vraiment chez l'humain, c'est d'avoir un bon cœur et une belle âme.

Mon ami LUS m'a toujours dit : « Si tu veux connaître quelqu'un, n'écoute pas ce qu'il dit mais regarde ce qu'il fait, les actes qu'il pose à ton égard. »

A un moment de ma vie, j'étais très à cheval sur les apparences. Dans ma vingtaine, les hommes par exemple, je les aimais beaux, grands, sentant bien et élégants. Mais vous savez quoi ? Tous ces beaux et grands m'ont tous lâchée un jour ou un autre. La beauté extérieure m'a plusieurs fois trompée, parce que je suis restée sur ce qui m'attirait alors que ce n'était pas du tout ce qu'il me fallait.

Ici, je veux m'appesantir particulièrement sur le choix du conjoint. Vous savez surement que c'est dans la vingtaine que vous avez beaucoup de chance de faire la rencontre de votre âme sœur, et c'est pourquoi vous n'avez pas arrêté d'essayer de vous engager depuis vos 20 ans. Mais si, comme moi, vous avez connu plusieurs déceptions ou vous avez vous-même déçu, c'est que vous avez expérimenté aussi comment on se fait avoir facilement. Au début, vous croyiez en des paroles, en tout ce que vous voyiez de la personne, et vous vous êtes rendu compte peu de temps après combien vous avez été dupe. J'ai appris de mes relations à me méfier de mes premières impressions et de mon premier jugement.

Vous ne pourrez jamais connaître une personne à 100 % dès le premier regard, ce n'est pas faux, et vous n'êtes pas non plus devin, je vous l'accorde, mais il existe deux pratiques fiables sur lesquelles vous pourrez vous appuyer pour connaître votre ami et faire un choix judicieux.

La première est de **vous fier à la voix de Dieu en vous** plutôt qu'à ce que vous dictent vos cinq sens. Dieu connait ses créatures mieux que personne. Si vous preniez le temps de lui demander son avis sur une personne avant de vous engager avec, vous ne vous laisseriez point prendre dans des pièges. Et croyez-moi, si vous le lui demandiez, il vous le dirait, il ne vous le cacherait point.

Dieu connait ses créatures mieux que personne. Si vous preniez le temps de lui demander son avis sur une personne avant de vous engager avec, vous ne vous laisseriez point prendre dans des pièges. »

A ce sujet, j'aime cet enseignement du Pasteur Yvan CASTANOU, que vous pourrez retrouver dans son livre *Vaincre l'ennemi public numéro 1 : la chair, volume 2* :

Tout ce que vous apercevez par vos cinq sens, déclenche automatiquement une impression, un désir, une passion, une émotion, un sentiment au niveau de votre âme. Jusque-là tout va bien. Le fait de ressentir les choses par le biais de nos cinq sens est normal et naturel. Ce qui pose problème, c'est lorsque l'homme agit sur base des informations fournies par les cinq sens. En effet, dans la pensée de Dieu, ces informations collectées du monde extérieur par les organes de renseignement du corps n'étaient pas censées déterminer nos mouvements. Ce sont plutôt les informations reçues de l'intérieur, en provenance du Saint-Esprit, qui devaient influencer nos actions. C'est ce que confirme le seigneur Jésus lorsqu'il dit dans *Mathieu 4 : 4 « L'homme ne vivra pas de pain seulement, mais de toute parole qui sort de la bouche de Dieu »*. Ce verset implique que l'homme doit vivre , agir, se mouvoir, non pas sur la base des informations extérieures, mais de toute parole ou directive (en grec , le mot utilisé est « RHEMA ») qui provient de la bouche de Dieu, et qui est communiquée à son esprit. C'est ce qu'il entend à l'intérieur de lui qui doit déclencher ses actions et non ce qu'il perçoit à l'extérieur par l'intermédiaire de ses cinq sens. Lorsque Jésus a appris que Lazare était mort, Il a ressenti de la compassion, mais cela ne l'a pas pour autant poussé à l'action. L'action devait venir d'une instruction du Saint-Esprit …

Le problème avec la jeunesse, c'est qu'elle est trop souvent impulsive. Ma prière est que vous soyez plus inspiré par le Saint-Esprit que par vos pulsions. Dans vos moments de prière, implorez-le de vous révéler les personnes qui vous entourent.

La seconde pratique sûre est de **prendre le temps**. Ne vous pressez pas simplement parce que vous êtes sous le charme. Le temps a pour vertu de faire tomber les masques des gens. Le temps vous donne le temps de creuser sur cet homme, cette femme qui vous attire tant, d'enquêter auprès de ses proches, et d'éprouver vos premières impressions. Plus tard, soit vous serez heureux de confirmer votre premier jugement, soit vous serez béni d'éviter à temps une personne toxique. Je ne sais pas vous dire combien de temps faut-il prendre exactement, prenez le temps qu'il faut.

VERITE #5

CE N'EST PAS GRAVE !

Ce chapitre tombe à pic. Après que nous ayons parlé de la nécessité de faire de bons choix, il est important que j'aborde ce sujet-ci.

Il nous arrive dans la vie de prendre des décisions qui tournent mal et nous apportent malheur. Quand cela arrive, comment réagissez-vous ? Il y en a qui dépriment, il y en a qui décrochent littéralement et certains vont jusqu'à se suicider.

Ne vous laissez par submerger par les remords tout le temps qu'un choix opéré n'a pas marché comme vous le souhaitiez, vous vous surprendrez à être éternellement d'humeur noire, et vous laisserez très vite la vie.

Gardez-vous serein, frais et sain d'esprit pour la mission que Dieu vous a confiée sur terre. Rappelez-vous Néhémie et faites comme lui, lorsque ses ennemis le demandaient avec instance, et qu'il leur répliqua :

« J'ai un grand ouvrage à exécuter, et je ne puis descendre, le travail serait interrompu pendant que je quitterais pour aller vers vous. Ils m'adressèrent quatre fois la même demande, et je leur fis la même réponse. » (Néhémie 6 : 3-4)

Ce n'est pas grave que vous vous trompiez, et même quand vous avez l'impression d'être seul face à vous-même dans ces moments, ce n'est pas grave.

Ce que j'ai appris de mauvaises décisions que j'ai prises, c'est que c'est parfois marrant de se planter. Oui, quelques fois c'est important, ça vous permet d'apprendre et de mûrir.

Jeune, on ne veut pas commettre d'erreurs alors qu'en réalité, rien ne sera jamais parfait. Même dans le meilleur des mondes, c'est impossible.

«

Jeune, on ne veut pas commettre d'erreurs alors qu'en réalité, rien ne sera jamais parfait. Même dans le meilleur des mondes, c'est impossible. »

Cela arrivera plusieurs fois, mais ce n'est pas grave. Se plaindre non plus n'apporte rien, ça ne change rien, il faut tirer des leçons et avancer. Dites-vous, tel un mantra, *ce n'est pas grave et ça fait partie de la vie.*

Que de vous morfondre, faites plutôt ceci : riez ! Riez-en si vous le pouvez, riez de vous-même et ne vous prenez pas trop au sérieux. J'ai appris un jour qu'étrangement, seuls les gens sérieux savent rire de tout.

Faites d'abord le point sur les causes de l'infortune qui vous arrive, puis respirez profondément, et dites-vous que vous avez fait du mieux que vous avez pu, et laissez aller ! Lâchez prise. Relativisez.

VERITE #6

MAMAN A SOUVENT RAISON

De nos jours, nous avons pris l'habitude de nous fier un peu trop aux réseaux sociaux, donnant de l'importance aux coachs, mentors, et motivateurs de YouTube, TikTok, Facebook, Twitter… Mais croyez-moi, ces gens n'auront jamais la même expérience en ce qui nous concerne que nos propres mères. Elles ont une sagesse qu'on n'apprend pas à l'école, nos mères.

Ici, je voudrais rendre hommage à ma mère, et honorer par la même occasion toutes les mères.

Avez-vous remarqué ? Nos mères ont une intuition puissante ! Leurs conseils avisés ont souvent été judicieux.

Aussi loin que je me souvienne, la mienne a toujours été là comme un feu rouge pour moi, m'avisant lorsque je devais faire quelque chose ou pas. Et, en réalité, toutes les mères ont toujours été un peu pareilles. Elles ont un don de sagesse qui fait d'elles de véritables guides. Elles ne sont pas parfaites, mais dans la plupart des cas, elles ont raison.

Nos mères ont un don de sagesse qui fait d'elles de véritables guides. Elles ne sont pas parfaites, mais dans la plupart des cas, elles ont raison. »

Quand on est adulte, on a certes le droit de suivre nos voies, mais cela ne devrait pas nous empêcher de suive les conseils de ceux qui ont parcouru la vie avant nous, et qui ont affronté certains challenges avant que nous l'eussions fait.

Une autre raison pour laquelle il nous faut écouter nos mères, c'est qu'elles nous connaissent mieux que n'importe quel autre conseiller. Elles nous ont connu avant quiconque sur terre. De plus, elles sont l'oreille la plus disponible à nous écouter, elles ne se lasseront jamais de nous écouter à longueur de temps. Leurs conseils ont donc l'avantage de nous être très adaptés.

Ecoutez autant de conseillers que vous le pouvez, prenez vos propres décisions mais au milieu de tout cela, n'oubliez pas de prêter une oreille particulièrement attentive à votre mère.

ÊTRE RECONNAISSANT POUR LE PRÉSENT OUVRE LES PORTES DU FUTUR

« Rendez-grâces en toutes choses, car c'est à votre égard la volonté
de Dieu en Jésus-Christ. »
1 Thessaloniciens 5 : 18

Soyez reconnaissant, vis-à-vis de vous-même, des autres et de Dieu. On est tellement préoccupé par ce qui nous manque qu'on n'apprécie peu ce qu'on a. Alors que c'est accepter ce qu'on est, ce qu'on a, qui nous ouvre les portes pour avoir davantage.

On ne donne pas à celui qui ne reconnait pas avoir. N'attendez pas d'avoir plus pour être reconnaissant. C'est aussi l'une des explications à cette parole de Jésus : « Car on donnera à celui qui a , et il sera dans l'abondance, mais celui qui n'a pas on ôtera même ce qu'il a. » (Mathieu 13 : 12)

Car on donnera à celui qui a , et il sera dans l'abondance, mais celui qui n'a pas on ôtera même ce qu'il a. »
Mathieu 13 : 12

Quand on n'a pas ce qu'on aime, on se contente d'abord de ce qu'on a. Je pense que le contentement est très attaché à la reconnaissance. Il ne s'agit pas de ne pas désirer le progrès, il s'agit de se sentir bien où on est. Pas que vous sachiez rester dans votre zone de confort, mais que vous soyez reconnaissant pour où vous êtes, dans le but d'évoluer.

Votre trentaine ou quarantaine vous réserve encore des choses que vous devez découvrir, mais direz-vous vraiment à Dieu, à vos parents, vos frères et sœurs, et à vous-même enfin, que votre vie, durant votre vingtaine a été ce qu'il y a de plus pitoyable ?

Je suis de ceux qui pensent que rien n'est jamais pire en soi ; qu'en quelque situation qu'on se trouve, il y a toujours une raison d'être reconnaissant à Dieu, aux autres et à soi-même.

Posez-vous cette question : de tous les huit milliards d'humains qui existent sur terre actuellement, êtes-vous certain que vos souffrances soient les plus pénibles qui existent ? Pensez-vous vraiment être celui qui ferait le plus pleurer la foule par son récit si chacun devait raconter son histoire à tour de rôle ? Si la réponse est non, alors vous devez votre condition à Dieu, à quelques proches, et à la personne courageuse que vous êtes.

Dieu qui est amour ne demande que notre foi pour éclaircir toutes les situations nuageuses de nos vies. Ne serait-ce que pour cette capacité qu'il a de tout changer en un clin d'œil, nous lui devons toujours gratitude.

Jeunes, nous sommes facilement portés au désespoir, au rejet de Dieu, des autres ou même de nous-même, à cause des situations qui ne tournent pas comme on l'espérait. Oubliant que Dieu, la vie, nous exige beaucoup de foi. Nous n'aurions jamais besoin de foi si tout était toujours évident.

VERITE #8

ON N'EST PAS SÛR QUE LE FUTUR ARRIVE

« Ne te vante pas du lendemain, car tu ne sais pas ce qu'un jour
peut enfanter. »
Proverbes 27 : 1

Quand on est jeune, on a besoin que quelqu'un nous rappelle fréquemment qu'on n'est pas trop jeune pour agir. Car, ce que vous entendrez beaucoup, c'est que vous ne pouvez pas le faire alors que vous avez vingt ans, qu'il faut attendre d'être accompli, plus épanoui dans le futur.

En vérité, chaque instant présent est un cadeau. Qui vous a dit qu'à 20 ans, on ne peut pas faire de grandes choses ? N'a-t-on pas connu des hommes qui ont impacté le monde dans leur vingtaine ? Si !

Saisissez les opportunités qui se présentent à vous à cet âge, et n'attendez pas plus tard. Ecrivez vos projets et lancez-vous, toquez à des portes, faites du chemin, prenez le temps de tomber et de vous relever. Ce qui arrivera certainement, c'est qu'à 30 ans, vous aurez acquis de l'expérience.

De grâce, que votre jeunesse ne vous empêche pas de vous activer pour vos rêves. Rien ne garantit qu'après cet instant-ci, vous serez encore en vie. Si on vous déposait un paquet dans votre chambre, vous ne vous direz pas que vous l'ouvrirez la semaine prochaine, bien au contraire, vous vous empresserez de découvrir ce qu'il s'y cache. Des gens qui ont remis leurs projets à plus tard ont été surpris de découvrir que le jour n'est jamais venu. On n'est jamais sûr que le futur arrive, en fait.

«

Des gens qui ont remis leurs projets à plus tard ont été surpris de découvrir que le jour n'est jamais venu. On n'est jamais sûr que le futur arrive, en fait. »

Prenez un moment de dialogue avec vous même pendant que vous lisez ces lignes et répondez-vous franchement : pourquoi n'êtes-vous pas passé0 à l'action jusque-là ?

La raison la plus répandue jusqu'alors reste la peur. La peur d'échouer en premier, la peur de se tromper en suite, la peur des commentaires critiques des autres enfin.

Jeune, vous voulez être perfectionniste, alors qu'il est parfois avantageux d'apprendre par essai-erreur. Une source anonyme a écrit un jour : « La clé du progrès est d'avoir le courage de commencer avant d'être prêt et de se faire confiance pour comprendre en cours de route ». Le perfectionnisme ralentit le progrès, la procrastination le tue.

Si vous vous trompez, alors ? Ce n'est pas grave, ressayez. Quant aux critiques, sachez faire avec, parce que quoique vous fassiez, de bien ou de mal, il y aura toujours des gens pour parler.

Un vieux conte rapporte l'histoire d'un homme, sa femme et un âne sur une route. Quand c'était la femme qui était sur le dos de l'âne, les passants s'écœuraient et s'écriaient : « Mauvaise femme, elle laisse son mari marcher à pied, alors qu'il souffre déjà assez pour la nourrir ». Quand c'était l'homme, les passants disaient cette fois qu'il n'était pas galant, qu'il devrait la laisser monter. Et quand le couple décida de monter sur l'âne à deux, les passants réagissaient avec virulence disant qu'ils n'avaient aucune pitié pour l'âne, qu'ils allaient l'achever. La dernière option pour le couple fut de ne pas monter sur l'âne, leur propre âne qu'ils avaient amené pour cette fin justement de les porter. Mais les passants ne critiquèrent pas moins ce choix. Cette fois, ils les prirent pour des idiots qui ne savaient pas tirer profit des ressources en leur possession.

Votre inaction d'aujourd'hui vous engage probablement sur le chemin du regret. Employez tous les moyens, mettez toutes les chances de votre côté pour concrétiser vos idées, vos projets.

Votre inaction d'aujourd'hui vous engage probablement sur le chemin du regret. »

Si vous vous sentez toujours bloqué malgré tout, il est peut-être question de songer à vous associer à quelqu'un d'autre, et non d'attendre.

LES GENS PARLERONT TOUJOURS, C'EST POURQUOI IL LEUR A ÉTÉ DONNÉE UNE BOUCHE

C'est vrai, j'ai dit plus loin que la découverte de soi passe également par l'écoute de vos proches ; les opinions des autres nous permettent de découvrir à la fois nos potentiels et nos faiblesses. Mais, beaucoup de gens ont été affectés dans leur estime de soi à cause de leur entourage. C'est pourquoi, au-delà de tout, faites que le dernier mot vous revienne toujours. L'erreur est de laisser le jugement final aux autres.

Je ne dis pas d'essayer de museler vos proches, au risque de devenir hautain. Tout au contraire, attendez-vous à ce que les gens aient toujours un avis à donner sur vous, et sur ce que vous faites. Vous ne saurez pas vous y dérober indéfiniment.

Il est simplement question de savoir quelle importance accorder à leurs opinions par rapport aux vôtres. Le drame de beaucoup est d'amplifier le regard de l'entourage et minimiser son propre regard sur soi.

Rendre votre estime de soi et vos décisions de vie entièrement dépendantes des opinions des autres revient à vous tenir au bord d'un gouffre profond dont vous ne sortirez qu'avec difficulté. Pourquoi ? Parce que, premièrement, vous pourrez ne plus penser par vous-même, et prendre des décisions en autonome, et deuxièmement , il arrivera maintes fois que vos mêmes proches aient plutôt un avis dévalorisant et limitant à votre endroit. En ce moment-là, vous limiterez-vous par ce que les autres vous limitent ? S'y laisser aller vous amènera à une vie de dépréciation de soi continuelle, et à une existence bornée dont vous tarderez à être guéri.

Rendre votre estime de soi et vos décisions de vie entièrement dépendantes des opinions des autres revient à vous tenir au bord d'un gouffre profond dont vous ne sortirez qu'avec difficulté. »

C'est à vous de décider de qui vous êtes, de quoi vous êtes capable en fonction de vos efforts. Décidez aujourd'hui de ne pas laisser les propos restrictifs des autres influencer la façon dont vous vous percevez.

Les autres ne sont pas aussi préoccupés par vous que vous le croyez, pour vous ménager chaque fois. Leurs avis ne sont pas toujours influencés par la méchanceté, comme on le suppose communément, mais plutôt par une totale indifférence due à l'égo de chacun. Cela explique pourquoi lorsque vous apparaissez sur une photo de groupe, vous vous regardez en premier, avant tout le monde. Alors, comprenez que vous vous en sortiriez toujours perdant si vous preniez tout le temps à cœur les propos des autres.

Mon vœu est que vous dépassiez les opinions des autres, quelles qu'elles soient ; que vous compreniez que votre vie vous appartient et que vous ne devez pas la vivre en fonction des avis des autres.

J'aurais aimé connaître cette vérité avant ma vingtaine, car elle m'aurait aidé à me surpasser.

Quand j'étais petite, j'ai affronté beaucoup de commentaires dévalorisants sur mon physique. Petite, j'avais un gros front, une grosse tache au coup, que je garde encore jusqu'à ce jour, et j'étais maigre. De ce fait, certaines personnes trouvaient que je n'étais pas belle. Mais plus tard, je réalisai que c'était tout ce que j'avais pour corps. Je n'en aurais jamais un autre. C'était mon corps, ma tête, mes pieds, ma vie. Et les détails qui faisaient objets des commentaires négatifs chez certains sont devenus des sujets d'admiration chez d'autres.

Que des fois où on ne s'accepte pas à cause de notre morphologie, nos défauts physiques, pourtant je n'ai jamais vu une personne réussir sa vie en se détestant. Je me serais détestée aussi, mais heureusement que ma mère me susurrait continuellement des mots positifs.

Il est temps que vous vous acceptiez vous aussi, et que vous fermiez les yeux et les oreilles à toutes ces choses-là. Et si autour de vous, vous n'avez personne qui vous mette en valeur et vous montre à quel point vous êtes beau (belle), alors vous êtes la personne censée vous aimer. Le plus important est de mettre en valeur ce que vous avez de meilleur. Il s'agit de vous et de votre vie.

Vous n'avez pas de choix que de vous aimer parce qu'il s'agit de vous, de votre vie, de votre parcours sur terre. Acceptez les aspects de vous qui ne vous conviennent pas, et chérissez ceux qui vous rendent le plus fier ; il y en forcément.

Je ne veux pas que vous viviez ce que j'avais vécu à un moment donné. Si j'ai pu m'accepter, vous pouvez aussi le faire.

L'une des méthodes pour l'appréciation de soi est d'arrêter de vous comparer aux autres. En vous comparant sans cesse aux autres, vous n'apprécierez jamais vos progrès. Il y aura toujours quelqu'un qui aura un peu plus que ce que vous avez, et d'un autre côté, il y aura toujours des gens qui auront un peu moins que ce que vous avez actuellement. Alors ? Comparez-vous plutôt à vous-même, à votre version du passé, et appréciez vos progrès dans le temps.

Dieu nous enseigne : *« Ne faites rien par esprit de rivalité ou par désir d'une gloire sans valeur , mais avec humilité, considérez les autres comme supérieurs à vous-même »* (Philippiens 2 : 3)

Une autre méthode est de déconstruire les affirmations limitantes des autres par des déclarations positives régulières. Votre mental en a besoin.

IL EST BIEN DE PRIER DANS LES ASSEMBLÉES, MAIS IL EST ENCORE MIEUX DE PASSER DU TEMPS SEUL-À-SEUL AVEC DIEU

J'ai eu plusieurs moments de prières, en groupe, à l'église, lors des retraites et ils ont toujours été des moments merveilleux qui ont marqué ma vie. Mais je n'ai jamais été autant touchée et impactée qu'en passant des moments seul-à-seul avec Dieu.

L'une des choses les plus importantes que j'aurais voulu mieux intérioriser et surtout pratiquer le plus souvent, c'est de passer des moments personnels avec le Seigneur, où il n'y a que lui et moi pendant des heures et des jours.

J'en fis une des plus belles expériences pendant le confinement de juin 2020. En cette période-là, je me posais plusieurs questions sur ma trentaine et je dois avouer que c'était l'une des périodes les plus stressantes de ma vie, parce que je m'étais fixée un certain nombre d'objectifs pour mes 30 ans. Je me voyais déjà mariée et mère d'enfants. Vivre l'opposé de mes prévisions m'était pénible. Et je vivais également d'autres situations pour lesquelles il me fallait absolument une orientation divine. Alors, je m'étais dit que je devais prier. Je m'étais donc décidé de prier en me déconnectant des réseaux sociaux pour mieux me concentrer.

Pendant le confinement, l'on sait tous à quel point ce n'était pas du tout facile de se déconnecter des réseaux sociaux parce que c'était pratiquement l'un des seuls remèdes à l'ennui. De plus, en cette période-là, j'avais décidé de ne plus regarder la télé parce que les infos commençaient à me stresser à cause du flux du nombre des morts qui ne cessait de croitre dans les 4 coins du monde.

J'avais donc décidé de prendre une semaine loin des réseaux sociaux pour échanger avec Dieu et ce fut l'un des moments les plus agréables de ma vie. Et ce qui est exceptionnel avec ce moment, c'est que je n'avais peut-être pas eu les réponses à toutes mes questions mais j'avais eu les réponses aux questions qui étaient essentielles pour mon bien ; et je compris alors une chose : mes priorités ne sont pas les priorités de Dieu.

Mes priorités ne sont pas les priorités de Dieu. »

Ce fut l'un des instants qui ont impacté ma vie et qui ont aussi contribué à la naissance de ce livre. Ce fut très inspirant. Ça fait tellement du bien de passer du temps avec Dieu ! Je me sentais restaurée mais aussi libérée de certaines pensées qui m'avaient retenue captive.

Vous n'avez peut-être pas besoin de faire comme moi - mon option a été celle de m'éloigner des réseaux sociaux pendant un moment pour passer plus de temps avec Dieu - mais vous, vous pourriez faire les choses à votre guise ; ça vous demandera peut-être d'aller à la montagne ou de vous retirer quelque part ou même de vous enfermer dans votre chambre pendant quelques jours. Peu importe la forme que cela devra prendre, j'aimerais juste que vous puissiez retenir qu'il est important que vous ayez des temps personnels avec votre Créateur.

30 ANS, LE DÉBUT D'UN NOUVEAU CHAPITRE

Quand j'étais encore plus jeune, je m'étais fixé de nombreux objectifs pour mes 30 ans. Je devais être mariée, mère de famille et je me voyais déjà dans mon petit foyer.

En 2021, la veille de ma trentaine, je déprimai et je n'avais personne pour comprendre ce que je traversais. J'en ai développé une gastrite. Souffrant, je me dis : *« Sarah, tu veux mourir parce que tu n'as pas atteint tes objectifs avant 30 ans ! »*

Je décidai alors de prendre des temps de prières personnels. Au cours d'un de ces moments seul-à-seul avec Dieu, le Seigneur me fit comprendre que 30 ans n'est pas tout, que c'est plutôt le *début de tout*. Oui, souvent, ce que les hommes pensent être la fin n'est qu'un début.

Ce n'est pas grave si vous avez passé la vingtaine sans la moindre action concrète. Tout peut encore se passer dans la trentaine. Pour réaliser vos objectifs, vos rêves, tout est encore possible. Le plus important est d'avoir la vie.

Ai-je atteint tous mes objectifs de la vingtaine au moment où j'écris ces lignes ? Non ! Suis-je plus proche desdits objectifs ? Oui ! Suis-je plus épanouie maintenant ? Oui !

Votre vingtaine est un trésor et votre trentaine l'est encore plus. Après cette lecture, ma prière est que vous ne laissiez ni la peur du futur, ni les regrets du passé, vous empêcher de vivre pleinement le présent.